L'IDEE PARFAICTE
DE LA
PHILOSOPHIE
HERMETIQVE,
Ou

L'Abbregé de la Theorie
& Practique de la
Pierre des Phi-
losophes.

A PARIS,

M. DC. XXX.

De l'Imprimiere de Iean Laquehay, contre
le College de Boncourt.

Γῆ ἡ πιοῦσα τὸν ἐπ' αὐτῆς πολλάκις ἐρχόμενον ὑετὸν, καὶ τίκτουσα βοτάνην εὔθετον ἐκείνοις δι' οὓς καὶ γεωργεῖται, μεταλαμβάνει εὐλογίας ἀπὸ τοῦ Θεοῦ· ἐκφέρουσα δὲ ἀκάνθας καὶ τριβόλους, ἀδόκιμος καὶ κατάρας ἐγγὺς, ἧς τὸ τέλος εἰς καῦσιν.

Πρὸς Ἑβραίους. ς'.

A
MONSEIGNEVR,
MONSEIGNEVR
FILS DE FRANCE,

*Frere Vnique du Roy,
Duc d'Orleans, de Va-
lois, de Chartres, &
Comte de Blois.*

MONSEIGNEVR,

Il n'y a rien qui conuienne dauantage aux Princes que l'e-stude de la Philosophie Herme-

tique, car comme ils surpassent à
cause de leur naissance le reste
des hommes en grandeur & puissance, ils doiuent s'efforcer à ce
qu'ils les surmontent en la science
de Dieu & de la Nature, ce qui ne
se peut obtenir facilement que
par la susdicte Philosophie. Les
anciens Roys d'Ægypte, & d'A-
rabie, entre lesquels ceste vraye
Philosophie a principalement re-
gné, sçachants combien il leur im-
portoit pour leur conseruation
d'estre versés aux sacrés Mysteres
de la pure Philosophie, instrui-
soient Cabalistiquement leurs Enfants en iceux, afin que par la
communication qu'ils leurs en
faisoient ils eussent toutes sortes
d'aduantages sur leurs subjects.

L'Vtilité & le contentement que
vous receurés MONSEIGNEVR,
de l'aggreable diuertissement de

ceste estude de Sagesse, vous con-
uient à l'embrasser auec affection:
car pour ce qui est du premier,
qui a il plus necessaire & proffita-
ble que de pouuoir conuertir en
Argent & en Or les Metaux imparfaicts, par la seulle proiection
qu'on fait de la Poudre diuine,
que les vrays & fidelles Enfants
d'Hermes composent suiuant l'ad-
mirable artifice qu'ils ont appris
de leur Pere & Maistre en sa Ta-
ble d'Esmeraude? & pour ce qui
regarde le second, quel contentement y a il pareil à celuy de la santé, & de la prolongation de la vie?
sans aucun ressentiment de maladies & infirmités, ce qui arriue
par l'vsage de la susdicte Poudre,
à cause qu'en icelle sont concen-
trées & fixées toutes les vertus,
influences, & puissances du Ciel
par le moyen de *l'Ame Vniuerselle*

du Monde dedans le corps le plus parfaict qui soit en la Nature, sçauoir en *l'Or Vulgaire* incorruptible.

Ie ne fais aucun doubte, MONSEIGNEVR, que vous ne soyés estonné de ce que ie vous offre en Abbregé toute la Theorie & Practique du diuin Magistere Philosophique, attendu que par vne iuste permission & punitió de Dieu, ou la Pierre des Philosophes, qu'il enseigne, est estimée de la plus part des hommes impossible, ou bien si elle est creuë faisable, tout le monde pense qu'on n'en peut arriuer à la composition & perfection pour les grandes difficultés qui se rencontrent tant a recognoistre les Matieres conuenables & necessaires, qu'a descourir le procedé qu'il faut tenir & obseruer aux Operations & en la Practique d'icelle.

Mais i'espere , Monsei-
gnevr, que ie vous releueray
de ce doubte, si ie vous dis que chaque chose a reçeu au commencement du monde la benediction
de Dieu pour se multiplier, engen-
drer son semblable, & ainsi con-
seruer son espece : & que par Experience i'ay rendu *l'Or Vulgaire
Animé & Vegetable*, de mort qu'il
semble estre aux yeux des igno-
rants incredules, & ce sans addi-
tió d'aucune matiere quelle quelle soit, ne m'estant seruy que de
la seulle Nature, laquelle faict en
se singularisant & determinant
d'indifferente, commune & vniuerselle qu'elle estoit auparauát,
dedans les semences particulieres
des Animaux , Vegetaux, Mineraux & Metaux , qu'vn chacun
d'iceux peut par generation parfaicte vniuocque , naturelle & or-

dinaire se perpetuer & produire
son semblable; & que de plus ie
n'ay rien mis en auant en ce petit
Traicté Cabalistique, dequoy ie
ne puisse vous satisfaire & conten-
ter amplement tant par Expe-
riences, que par bonnes raisons
naturelles & irrefragables, qui
la suiuent & qui y sont fondées.

Or MONSEIGNEVR, i'ay
esté principalement incité a vous
consacrer cét Abbregé de la plus
secrette Philosophie, tant à cause
de vostre non pareil & transcen-
dent Esprit, qui n'est en rien in-
ferieur à vostre naissance, & lequel est naturellement porté à la
recherche des choses haultes, ex-
cellentes & releuées, & a aymer les
sçauants & curieux qui auec cognoissance s'y occupent & ad-
donnent; que pour la bonne vo-
lóté & grande affection que vous
auez

auez tesmoignée & continués de
monstrer à ceux de la Ville de
Sainct Dizier, ma chere Patrie, aux
Prieres continuelles desquels
j'adiousteray tousiours les mien-
nes pour la prosperité & conseruation de V. ALTESSE, faisant de
mon costé à Dieu des vœux particuliers, à ce qu'il me face la grace
de vous faire voir vn iour par effect la verité de la science réelle
dont ie traicte & de ne viure que
pour estre & mourir,

MONSEIGNEVR,

Vostre tres-humble, tres-obeïssant &
tres-fidelle seruiteur.
IEAN COLLESSON de S. Dizier.

SONNET.

Au Fidelle Enfant de Doctrine.

Prens l'Eau que tu ne voids qui natu-
    rellement
Est ioincte a un Feu doux dans la mesme
    Miniere:
L'Or s'y deuestira de sa Robe premiere,
Pour l'Oeuure commencer d'Hermes heu-
    reusement.

  Et conseruant ton Roy dans son bain
    chaudement,
Afin qu'aydé de l'Art plus de force il ac-
    quiere,
Attendras tant qu'il soit tout reduit en
    poußiere,
Et que l'Ame se ioigne à son Corps fixemët,

En la conionction de la Terre & de l'Eau,
Tu verras prőptemët la Teste du Corbeau,
De Saturne Iupin sortira venerable,

Qui à Latone ioinct d'une estroitte union,
En elle engendrera Diane & Apollon,
Apollon des mortels sur les Dieux adora-
    ble.

I. C. D. S. D.

L'IDEE PARFAICTE DE LA PHILOSOPHIE HERMETIQVE,

Ou

L'Abbregé de la Theorie & Practique de la Pierre des Philosophes.

1

LA Pierre des Philosophes introduict naturellement dedans les Metaux imparfaits la forme d'Or Vulgaire auec toutes ses qualités, accidents, signatures & proprietés : Et par consequent la Pierre des Philosophes doibt auoir en soy la forme d'Or

Vulgaire, car autrement si elle ne l'auoit, elle ne pourroit actuellement l'introduire.

II Maintenãt de toutes les substances qui sont determinées dedans quelqu'vne des trois Familles de Nature, sçauoir des Vegetaux, Animaux & Mineraux, il n'y a que le seul Or Vulgaire qui ayt en soy actuellement la forme & les qualités, accidents, signatures & proprietés de l'Or Vulgaire : Et par consequent le seul Or Vulgaire sera le seul & vnique subiect, duquel il faut auoir la forme d'Or, pour la composition de la Pierre des Philosophes. Or que le seul Or Vulgaire ayt la forme d'Or Vulgaire il se prouue aisément de ce que chaque Composé Naturel est distinct de touts les autres Composés Naturels, à cause qu'il a sa forme particuliere,

qui est réellement & actuellement distincte de toutes les autres
formes des diuers Composés
Naturels : Partant si l'Or Vulgaire est distinct de tous les autres
Composés Naturels, ce sera à cause qu'il a luy seul la forme d'Or
Vulgaire & que les autres Composés Naturels ne l'ont pas.

III L'Or Vulgaire n'est que sim-
plement parfaict par Nature, c'est
à dire, n'a qu'autant de perfection
qu'il luy en faut pour estre parfaict, sans qu'il en puisse faire part
aux Metaux imparfaicts : Et partant si on veut que l'Or Vulgaire
introduise la forme d'Or Vulgaire dedans les Metaux imparfaicts
pour les parfaire, il est necessaire
que l'Or Vulgaire soit rendu plus
que parfaict : car tandis qu'il n'aura que sa simple perfection naturelle, il ne pourra iamais parfaire

les Metaux imparfaicts, ny leur
communicquer la forme d'Or.

IV   Maintenãt l'Or Vulgaire ne
peut estre rendu plus que parfaict, si ce n'est auec chose qui soit
plus parfaicte, ie veux dire plus
subtile, plus actiue & plus spirituelle que l'Or Vulgaire, & qui de
plus soit ou puisse estre renduë
homogene à l'Or, c'est à dire, ait
la forme d'Or eminemment ou
puisse la receuoir par determinaison en se particularisant dedans
l'Or Vulgaire, de la mesme façon
que nous voyons que la pluye qui
est indeterminée a produire plu-
tost vne Rose qv'ne Tulippe, dautant qu'en soy considerée elle ne
contient qu'eminemment, vniuersellement & indeterminemét
les semences & formes de la Rose
& Tulippe, à raison de l'Esprit Vniuersel du Monde vraye semence

commune & forme generale de
toutes choses, duquel la pluye est
empreincte & engrossie, sans
neantmoins auoir aucune homogeneïté actuelle, particuliere &
prochaine auec les semences &
formes de la Rose & Tulippe, que
lors que l'Esprit du Monde qui est
indeterminé de dans la pluye a de-
uenir Rose ou Tulippe, estant attiré par les Esprits particuliers de
la Rose & Tulippe (qui sont deri-
ués de l'Esprit General du Monde, & qui n'ont esté determinés
dedans la Rose & la Tulippe, pour
en estre leurs formes & semences,
que par la parole de Dieu en l'origine des choses) deuient & se faict
Rose en la Rose, & Tulippe en la
Tulippe; & ainsi en se particularisant actuellement deuient pro-
chainement & immediatement
homogene à la Rose & à la Tulip-

pe (& autant en fault il dire quãd
il est determiné & attiré par les
autres Esprits particuliers des Vegetaux, Animaux, Mineraux &
Metaux) combien qu'auant ceste
specification & determinaison
dedans la Rose ou Tulippe, la
pluye n'eust à raison de l'Esprit
General du Monde qu'eminemment, vniuersellement, mediatement & indeterminement les
semences & les formes de la Rose
& de la Tulippe, auquel estat ve-
ritablement toute l'homogeneïté, qu'il a aux semences & formes
de la Rose & Tulippe, n'est qu'e-
sloignée, mediate & vniuerselle,
laquelle deuient prochaine, im-
mediate & particuliere en se spe-
cifiant & determinant actuellement dedans la Rose & Tulippe.
Où en passant il fault remarquer
que *l'Esprit Vniuersel du Monde*
insepa-

inseparablement reuestu d'vne
substance humide sans moüiller
les mains, tres-subtile; grande-
ment rarefiée, du tout celeste &
quintessencifiée est *l'Ame Vniuer-*
selle du Monde, & la Premiere Ma-
tiere Actiue des Philosophes Hermeti-
ques, d'où la Rose, la Tulippe, l'Or
Vulgaire & toutes les autres natures particulieres ont eu originairement leurs semences & auec
icelles leurs formes plus ou moins
actiues & parfaictes à nostre re-
gard, selon que Dieu voulut faire
paroistre plus ou moins en diuerses Especes & Genres sur le
Theatre du Monde, les effects ad-
mirables de sa diuine Majesté &
puissance infinie.

Or que la chose, qui doibt rendre l'Or Vulgaire plus que parfait
doiue estre plus parfaicte, plus
subtile, plus spirituelle, & plus

actiue que l'Or Vulgaire, & pour
le dire librement & franchement
en vn mot, qu'elle doiue estre la
Premiere Matiere de l'Or & de
toutes choses, qui sont distinctes
réellement de l'Or Vulgaire, auec
laquelle & de laquelle l'Or Vulgaire doibt estre nourry, par l'Artifice Hermetique, à ce qu'il deuienne plus que parfaict pour parfaire les Metaux imparfaicts, il se
prouue de ce qu'elle doibt dissoudre l'Or naturellement, l'animer
& viuifier sur-abondamment &
n'estre à iamais qu'vne mesme
substance auec luy ; & de ce que si
on mesle auec l'Or quelque matiere grossiere, corporelle, hete-
rogene, imparfaicte, ou simple-
ment parfaicte, l'Or pour cela
n'en sera rendu plus parfaict, plus
actif & plus propre à la generation, ains telles matieres grossie-

res, corporelles, heterogenes &
imparfaictes ne le diſſoudront, &
par leur meſlange luy feront per-
dre ſa ſimple perfection naturelle
qu'il auoit auant le meſláge, dautant qu'elles ſont heterogenes à
l'Or Vulgaire, auec les principes
duquel partant elles n'auront iamais aucune commixtion naturelle, radicallę & comme on dict *per
minima*, à raiſon de leurs impure-
rés heterogenes à l'Or : & les matieres parfaictes ſimplement (qui
ne peuuent eſtre que d'autre Or)
le laiſſeront, apres la mixtion qu'ó
en fera, en la ſimple perfection naturelle, qu'il auoit auant la mixtió,
ſans que l'Or Vulgaire en reçoiue
aucune perfection plus grande en
qualité, ſans qu'il en deuiéne plus
ſpirituel, plus animé, plus actif,
plus intrant & plus propre pour
parfaire les Metaux imparfaicts.

Et de plus que la chose qui doibt
rendre l'Or Vulgaire plusque parfaict doiue estre homogene à l'Or
en acte ou en puissance, immediatement ou mediatement, il se mô-
stre de ce qu'elle doibt se mesler
naturellement & radicalement a-
uec les principes de l'Or, & pene-
trer l'Or en toutes ses plus petites
parties, sans qu'aucune separatió
s'en puisse faire apres le messáge,
ce qui ne se fera iamais, si ceste
chose n'est homogene à l'Or Vulgaire en acte ou en puissance, immediatement ou mediatement,
& de telle nature qu'elle puisse s'v-
nir inseparablemét auec l'Or Vulgaire, par la nouuelle determinaison & specification, qui s'en fera
au moyen du subtil Artifice de
l'industrieux Philosophe Hermetique: car autrement l'Or n'en de-
uiendroit iamais plus parfaict; Et

partant tout ce qui est grossier,
corporel, imparfaict & hetero-
gene à l'Or, ou qui n'est que sim-
plement parfaict, bref qui n'est
la Premiere Matiere de toutes choses &
l'Ame Vniuerselle du Monde, ne peut
donner à l'Or Vulgaire aucune e-
xuberance de perfectió, veu qu'i-
celle seulle peut dilater & multiplier les semences de toutes les
natures singulieres par sa seulle &
nouuelle corporification & determinaison qui s'en faict tousiours,
& qu'elle seulle peut nourrir l'Or
Vulgaire, le faire vegeter, germer,
& l'animer surabondammét, pour
le rendre plus que parfait, & propre à la generation.

V Il est vray que toutes les substances Vegetables, que toutes
les Animales, que toutes les Minerales & que toutes les Metalliques (qui ne sont actuellement

Or Vulgaire) sont Heterogenes
à l'Or Vulgaire, dautant qu'elles
ne different de l'Or Vulgaire,
qu'a cause qu'elles n'ont la Nature,
& la forme de l'Or Vulgaire : Et
partant toutes ces substances n'auront iamais, quelque Artifice &
subtilité qu'on y apporte, aucune
commixtion radicalle, naturelle
& homogene auec les Principes
de l'Or Vulgaire, d'où iamais elles ne s'vniront inseparablement
auec l'Or Vulgaire : Et par consequent, en estant tousiours separa-
bles, elles ne rendront iamais l'Or
Vulgaire plus que parfaict. Et de
plus toutes ces matieres & substances ne sont si parfaictes que
l'Or Vulgaire : car l'experience
fait voir, que le feu & les Agents
communs Naturels les peuuent
corrompre & destruire, lesquels
toutesfois n'ont aucun pouuoir

sur l'Or Vulgaire. C'est pourquoy toutes les substances Vegetables, toutes les Animales, toutes les Minerales & toutes les Metalliques, ne pourront par aucun artifice, inuention, depuration, preparation & subtilité qu'on y apporte rendre l'Or Vulgaire plus que parfaict.

VI Pour rendre doncques l'Or Vulgaire plus que parfaict, à ce qu'il rende les Metaux imparfaicts parfaicts, de necessité absoluë il faut auoir recours *à la Matiere Premiere & Vniuerselle de toutes choses*, que le Pere des vrays Philosophes Hermes nomme *Lune*, & ses Disciples & Enfans *Bain de Diane, Eau Hyleale, Eau Azothique & Eau Primordiale* : & à la *Forme Premiere & Vniuerselle de toutes choses*, que le mesme Hermes appelle *Soleil*, & ses Disciples & Enfans

Diane, Nature, Soulphre Incombustible & l'Esprit General du Monde, qui selon l'Historiographe sacré Moyse au Premier de la Genese, en l'origine des choses estoit porté sur les Eaux de l'Abysme.

VII   La Matiere Premiere & Vniuerselle, & la Forme Premiere & Vniuerselle de toutes choses sont réellement vne mesme substance, & ne se peuuent separer actuellement l'vne de l'autre: c'est pourquoy les Philosophes Hermetiques rejettent & ne tiennent cópte de la Matiere Premiere des Peripateticiens, qui selon leur Autheur, au moins à ce qu'ils disent, est inuisible, sans forme, & presque rien.

VIII   Combien que la Matiere Premiere & Vniuerselle, & la Forme Premiere & Vniuerselle de toutes choses ne soient réellement

ment

ment qu'vne mesme chose & substance en vn seul & mesme subiect sçauoir en l'Eau Hyleale &
Azothique, si est-ce qu'on peut
par raison les separer, & ainsi on
peut admettre entre ces deux vne
distinction formelle ou de raison
donnant à l'Esprit inuisible, qui
est l'Interne de l'Eau Hyleale &
Azothique, le nom de Forme &
d'Agent, & le nom de Matiere
& de Patient à l'Externe de la mesme Eau Hyleale & Azothique,
sçauoir à la substance humide E-
therée & Quintessencifiée, laquelle par fois & en certains temps se
faict voir aux seuls vrays Enfants
d'Hermes tantost en Vapeur &
tantost en Eau. Et de faict, peut
estre que l'on ne s'esloignera pas
de la verité & doctrine des anciés
Philosophes & des Cabalistes, si
on dict que *l'Interne de l'Eau Hylea-*

le & Azothique consideré à part
sans l'Externe est l'*Esprit General
du Monde*, & *la Forme Premiere &
Vniuerselle* de toutes choses; & que
l'*Externe* de la mesme *Eau Hyleale*, &
Azothique consideré à part sans
l'Interne est la *Matiere Premiere &
Vniuerselle* de toutes choses : & que
lors qu'on conçoit l'Interne &
l'Externe ensemble, sçauoir l'*Esprit reuestu de la pure substance humide
Etheree & Quintessencifiée*, les deux
ainsi ensemble sont & font l'*Ame Catholique ou Vniuerselle du Monde*, qui
est toute Forme & toute Matiere
consideré e interieurement ou ex-
terieurement, & laquelle partant
nourrit toutes choses, en suitte
dequoy elle cause toutes les generations, transplantations & mul-
tiplications de tous les indiuidus
des diuerses Especes & Genres
qui sont aux trois Familles de Na-

ture, par la determinaison, specification, & corporification qui se
faict d'icelle *Ame Generale du Mõ-*
de dedans les semences des differents indiuidus desdictes trois Familles, vn chacun d'iceux attirant
à soy perpetuellement & corpori-
fiant en soy spirituellement la suf-
dicte *Ame Generale du Monde*, pour
l'extension & multiplication de sa
semence.

IX   *L'ame du Monde* est en tous
les indiuidus des diuerses Familles de Nature, puis que toutes les Formes diuerses & materi-
elles desdits differents indiuidus
sont deriuées originairement de
l'*Ame Vniuerselle du Monde*, & à
laquelle partant elles demeure-
ront reünies apres la destruction
& conflagration du Monde. Toutesfois on ne peut separer par aucun artifice de la Chymie com-

mune l'*Ame du Mõde* d'aucun subiect determiné, visible & particulier quel qu'il soit, pour la plus
grande perfection de l'Or Vulgaire: ains ce qu'on en extraira sera tousiours particularisé retenãt
la Nature, accidents, conditions
& proprietés du composé Naturel particulier, duquel il a esté ex-
traict: Et partant tout ce qu'on
en separera sera tousiouts Hete-
rogene à l'Or Vulgaire, & trop
impur & imparfaict pour la Matiere de la Pierre des Philosophes.

   X   *L'Ame du Monde en sa Generalité & Vniuersalité*, n'ayant iamais encores esté specifiée & de-
terminée en aucũ subject particulier & visible, *est la Matiere de la
Pierre des Philosophes, comme l'Or Vulgaire qui la determine & specifie par sa
vertu aymãtine & sympathique en est
Forme.* L'Ame du Monde est le

Mercure & le diſſoluant des Philoſophes, auec lequel l'Or Vulgaire
doibt eſtre naturellement & ſans
violence diſſoult. Et de la conionction fixe de ces deux reſulte &
n'aiſt la vraye *Salamandre Philoſo-
phique*, & *le cher Enfant du Soleil*,
lequel eſtant tout feu conſomme
en vn inſtant toutes les impuretez
des Metaux imparfaicts ſur leſquels il eſt proietté, decuiſant au
meſme temps la ſubſtance Mercurielle qui eſt dedans leſdicts
Metaux imparfaicts en Argent
ou en Or, ſelon le degré de perfection, auquel la Diuine Pierre
des Philoſophes a eſté menée
pour l'vn ou pour l'autre effect.

XI La Practique de l'Oeuure
Hermetique conſiſte en deux O-
perations, apres qu'on a depuré
aux preparations l'Or Vulgaire
de toutes matieres heterogenes

& qu'on l'a rendu subtil & attenué pour estre plus susceptible de l'*Esprit viuifique de l'Ame Catholique du Monde.*

XII Frere Basile Valentin Religieux de l'Ordre de sainct Benoist enseigne que pour les Preparations qu'il faut apporter à l'Or auant que commencer l'Oeuure Philosophique, il faut le passer trois fois par l'Antimoine, apres que les affineurs l'ont depuré autant qu'ils ont peu par la Coupelle & l'inquart.

Que la Couronne du Roy, dit ce grand Philosophe, *soit d'Or trespur, & que l'on luy ioigne sa chaste Espouse. Si doncques tu veux operer en nos matieres, Prens vn Loup affamé & rauissant, subiect, à cause de l'etimologie de son nom, au guerrier Mars, mais de race tenant de Saturne comme estant son fils. L'on le trouue dans les vallées*

& montagnes tousiours mourant de
faim. Iette luy le corps du Roy, afin qu'
il s'en soulle ; apres qu'il l'aura mangé
iette le dedans vn grand feu pour y e-
stre du tout consommé, & le Roy sera
deliuré. Apres que tu auras faict cela
trois fois, le Lyon aura du tout surmon-
té le Loup, & le Loup ne pourra plus
rien consommer du Roy, & nostre Matiere sera preparée & preste a commencer l'Oeuure. Et apprends que ce n'est que
par ce chemin là que l'on peut operer nos
Matieres pures, car l'on laue & purge
le Lyon du sang du Loup, & la Nature du Lyon se delecte merueilleusement
en la teincture du Loup, pour ce qu'il y a
vne grande affinité & comme parenta-
ge entre le sang de l'vn & de l'autre.
Quand doncques le Lyon se sera soullé,
& son Esprit fortifié, ses yeux reluiront
& esclaireront côme le Soleil, & sera sa
force interieure biē grāde, & de grād pro-
fit & vtilité à tout ce que tu voudras.

XIII En la Premiere Operation de la Pierre des Philosophes on ne tend qu'a nourrir & a animer l'Or Vulgaire de *l'Ame Vniuerselle du Monde*, à ce qu'il deuienne plus que parfaict, pour oster la lepre des Metaux imparfaicts, pour entretenir l'homme en santé & luy prolonger ses iours au delà du terme ordinaire de la vie commune & le guerir indifferemment de toutes les maladies, ausquelles il peut tomber.

Or iamais l'Or Vulgaire n'est nourry, empreinct, animé & viuifié de *l'Ame Generale du Monde*, qu'il ne soit rendu de mort vif, qu'il ne vegete visiblement, que la queuë de Paon ne parroisse, non pas en la Matiere, mais au tour du vaisseau, representant toutes les Couleurs qu'on sçauroit s'imaginer, entre lesquelles la verte predomine

domine aux autres, & apres icelle
vne rouge & pourprée. Et ceste
premiere Operatió s'acheue apres
l'animation, calcination & dissolu-
lution de l'Or Vulgaire dedans
l'Eau Philosophique, qui n'est autre
chose que *l'Ame Generale du Mon-*
de par la separation des Elements,
sçauoir du feu de la terre, du subtil de l'espois, du volatil de son
fixe, & de l'Ame pure & blanche
de son corps impur & noir, qui
demeure tout discontinué en poudre tres fixe sans pouuoir aucune-
ment se fondre.

Frere Basile Valentin parle en
ceste sorte de la Premiere Operatió de l'Oeuure Hermetique au
Premier liure de ses douze Clefs
de Philosophie. *Prens*, dict il, *de*
bon Or, mets le en pieces, & le dissoults
comme enseigne la Nature aux Ama-
teurs de science, & le reduicts en ses

e

premiers principes, comme le *Medecin*
a de coustume de faire dissection d'vn
corps humain pour cognoistre ses parties
interieures, & tu trouueras vne semence qui est le commencement, le mi-
lieu, & la fin de l'Oeuure, de laquelle
nostre Or & sa femme sont produicts,
sçauoir est vn subtil & penetrant Esprit, vne Ame delicate, nette & pure,
& vn sel & bausme des Astres, lesquels estans vnis ne sont qu'vne liqueur
& Eauë Mercurielle.

Et plus bas le mesme Philosophe traicte de rechef de la Premiere Operation Philosophique
en ces termes, par lesquels il don-
ne assés de lumiere au moins
clair-voyant pour se conduire en
ceste Premiere Operation. *Esueille*
toy, dict il, *Peuple Mortel, & regarde*
la lumiere, de peur que les tenebres &
obscuritès ne te trompent. Les Dieux du
bon heur, & les grands Dieux m'ont re-

uelé aecy en vn profond fommeil. O
qu'heureux eft celuy qui cognoift les
Dieux, & les merueilles qu'ils operent,
& qui a les yeux efclairez pour voir la
lumiere qui luy eftoit cachée auparauãt.
Il s'eft leué par la bonté des Dieux deux
Eftoilles aux hommes, pour chercher la
vraye & profonde Sageffe: regarde les,
ô Mortel, & marche à leur clarté, pour
ce que l'on y trouue la Sageffe. Le Phœ-
nix Oyfeau Meridional vifte & leger
arrache le cœur du corps d'vn grand A-
nimal d'Orient: baille des aifles a l'Ani-
ma d'Orient, afin qu'ils foient femblables, car il fault que l'on ofte à la Befte
Orientale fa peau de Lyon, & que derechef fes aifles difparoiffent & qu'il entre enfemble dans la grande Mer falée
Oceane, & qu'il en forte derechef auec
beauté; alors iette tes Efprits remuans
dans vne profonde fontaine, où l'Eau ne
tariffe iamais, afin qu'ils foient rendus
femblables a leur Mere qui y eft cachée,

& laquelle a pris sa naissance de trois.

XIV En la Seconde Operation,
du Magistere Hermetique, par
laquelle il semble seló la plus part
des Autheurs que l'Oeuure des
Philosophes commence (car ils
ne parlent que fort peu, & encores tres-obscurement de la Premiere, sans laquelle toutesfois on
ne peut rien faire en ceste science
Transmutatoire) le Sage & industrieux philosophe fixe *l'Ame Ge-*
nerale du Monde dedans l'Or Vulgaire, conuertit le feu en terre, le
subtil en espois, le volatil en fixe ,
& rend l'Ame pure & blanche à
son corps immobile, grossier &
terrestre. Et si l'Artiste a eu be-
soing de patience au Premier la-
beur, il ne fault pas que la mesme
luy manque en ce Second, car la
Putrefaction , qu'ils nomment
Teste de Corbeau, luy durera sept,

neuf ou dix mois, apres lesquels
il ioüyra premierement des fa-
ueurs de la Reyne blanche, & en
suitte de celles de son Roy ver-
meil & sanguin, pourueu qu'il sça-
che la iuste administration du feu.

Frere Basile Valentin monstre
au premier liure de ses douze Clefs
de Philosophie, ce que le Philosophe doit faire en ceste Seconde
Operation, quand il dit, *Qu'il faut*
tellement rectifier le Mercure, le Sou-
phre & le Sel Philosophiques, que l'Ame
l'Esprit & le Corps soient si bien unis,
qu'ils ne se puissent iamais quitter, qu'a-
lors sera faict le vray lien d'Amour, &
que la maison de gloire & d'honneur se-
ra bastie, & que cecy n'est rien autre
chose que l'Eau seiche conioincte à une
Substance terrestre, qu'il faut faire
(sçauoir en la Premiere Operatió)
à la terre de grandes aisles & la renco-
gner & presser tellement qu'elle monte

en hault & vole par dessus toutes les montagnes, iusques au Firmament, & qu'alors (pour la Secóde Operatió) il fault coupper à la terre les aisles à force de feu, afin qu'elle tombe dans la mer rouge, & s'y noye, puis qu'il fault faire calmer la mer, & dessecher ses eauës par feu & par air afin que la terre renaisse.

XV   Or sans recommencer de nouueau vn ouurage si ennuyeux, le Philosophe multipliera só Oeuure, quand il est paruenu à la blancheur ou rougeur, tant en quantité qu'en qualité iusques à l'infiny, s'il le dissout & fixe auec nouuelle *Eau Philosophique*, gardant le mesme procedé qu'il a tenu auparauant. Où il remarquera qu'a chaque Multiplication la diuine Pierre Blanche ou Rouge acquerra dix fois autant de vertu qu'elle auoit auant qu'elle fust multipliée : de maniere que si à la premiere fois

vn poids d'icelle en conuertissoit
cent de Metal imparfaict en Argent ou en Or, la seconde fois il
en conuertira mil, la troisiesme
dix mil, la quatriesme cent mil, &
ainsi à l'infiny, d'autant qu'a chaque Multiplication il y a eu addi-
tion d'autant *de nouuelle Matiere
Philosophique*, sçauoir de *l'Ame
Generale du Monde*, qu'il en a fallu
pour augmenter la Poudre en vertu de dix fois autant qu'elle pou-
uoit auant la multiplication.

XVI Pour la perfection & ac-
complissement du grand Oeuure
des Philosophes apres les Multi-
plications, il ne faut obmetre *la
Fermentation*, qu'on nomme ordi-
nairement l'Oeuure de trois iours
à celle fin que la Diuine Pierre ayt
plus facilement ingrés dedans les
Metaux imparfaicts : car autrement à cause de sa grande spiritua-

lité & subtilité elle surnageroit
tousiours le Metal imparfaict sur
lequel on la proietteroit. C'est
pourquoy on fermente l'Oeuure
au Blanc auec l'Argent Vulgaire,
& l'Oeuure au Rouge auec l'Or
Vulgaire : le Blanc en deux iours,
& le Rouge en trois ; au premier
desquels les matieres sont noires,
au second blanches, ou les Esprits
auec grand bruict s'vnissent fixement aux Corps : & au troisiesme
elles deuiennent Rouges & San-
guines ; apres quoy il ne reste plus
que de faire proiection de la Diuine Pierre des Philosophes sur les
Metaux imparfaicts pour les conuertir en Argent ou en Or, selon
la Teincture de la Medecine.

XVII   Il appert de ce que dessus
que la Pierre des Philosophes se cópose de deux substances & parties,
l'vne desquelles est materielle &
determi-

determinable, sçauoir *l'Ame Generale du Monde :* & l'autre est formelle & determinante, sçauoir
l'Or Vulgaire. D'où on cognoist
que ceux qui ont deffiny la Pierre,
par l'Esprit Vniuersel du Monde,
qui par l'entremise du Ciel a esté
corporifié au ventre pur & virgi-
nal de la Terre Adamique, ont
eu esgard à la Matiere de la Pierre,
attendu que par l'Esprit ils ont
entendu l'Interne *de l'Ame Generale du* Monde; & par le Ciel l'Externe de la mesme *Ame du monde* &
la pure Substance Etherée & Ae-
rienne : & que ceux qui l'ont def-
finie par l'Or exalté à vn supreme
degré de perfection, par dige-
stions Philosophiques, ont voulu
la declarer par sa forme, voulans
que l'exuberance de perfection,
qui arriue à l'Or Vulgaire, vienne
de la corporification, determinai-

son & particularisation de *l'Ame Generale du Monde* dedans l'Or Vulgaire preparé & attenué, comme de la Matiere Premiere & Vniuerselle dedans le subiect particulier & formel, qui doit communiquer sa forme, par l'extension & multiplication, qui arriue de sa semence, par la nouuelle corporification, qui s'y faict de *l'Ame Generale du Monde.*

XVIII De ce petit Abbregé Cabalistique, il est aisé d'entédre, que la Philosophie Hermetique n'est autre chose, que la Cognoissance *de l'Ame Generale du* Monde determinable en sa Generalité & Vniuersalité dedãs l'Or Vulgaire, pour en composer vne Medecine Vniuerselle & Panacée, qu'on nomme Vulgairement *Pierre Philosophale.* Ie dis dedans l'Or Vulgaire, dautant que d'iceluy seul,

& de l'*Ame Generale du Monde*, on
en compose les deux Pierres des
Philosophes, sçauoir la Blanche &
la Rouge, combien que ie ne nye
pas, que de l'Argent Vulgaire &
de la mesme *Ame Generale du Monde*, on n'en puisse faire vne Pierre
Blanche, pour conuertir en Argét
les inferieurs Metaux imparfaicts.

XIX Pour Recapitulation de
toute la Theorie & Practique de
la Pierre precieuse des anciens
Philosophes, ie dis que toute la
Sapience Hermetique ne gist
qu'à Dissoudre & à Congeler : &
que l'Argent Vulgaire & l'Or Vulgaire purifiés & attenués, sont les
Corps qu'il faut dissoudre, sçauoir l'Argent pour l'Oeuure au
Blanc, & l'Or pour l'Oeuure au
Rouge (si quand on trauaille sur
l'Or, on ne se contente de l'Operation, quand les Matieres sont Blã-
f ij

ches, fans fe foucier de les faire
rougir ; auquel cas il faudroit
multiplier & fermenter lefdictes
Matieres Blanches auec *l'Ame Generale du Monde* & l'Argent Vulgaire: Et que pour ce qui eft de la
Subſtance, qui diſſout naturellement & Philofophiquement l'Argent & l'Or Vulgaires, il ne faut
s'imaginer qu'il y en ayt d'autre,
que *l'Ame Generale du Monde*, qui
par les Aymants & moyens Phi-
lofophiques, fe tire & attire des
Corps Superieurs & principalement des Rayons du Soleil & de
la Lune.

D'où on cognoiſt que ceux là
n'ont la cognoiſſance du Mercure
ou Menſtruë des Philofophes,
qui penfent diſſoudre naturellement & Philofophiquement les
Metaux parfaicts auec des diſſol-
uents particuliers tirés de l'Anti-

moine, du Saturne, Vitriol, Sal-
petre, du Sang humain, de l'Esprit
de Vin, du Miel, ou du Vinaigre,
ou de quelque autre matiere quelle qu'elle soit, Animale, Vegetable, Minerale, ou Metallique,
comme ainsi soit que toutes ces
matieres là & toutes les Substances, qu'on en pourra iamais prepa-
rer & extraire, n'auront aucune
Homogeneïté & Conformité de
Nature auec les Corps parfaicts
Metalliques, d'où elles ne pourront s'vnir inseparablement auec
iceux, & d'où en suitte elles ne
leur donneront iamais aucune e-
xuberance de perfection : ce qui
est neantmoins absoluëment necessaire, à celle fin qu'ils soient &
deuiennent la Pierre des Philosophes.

Or comme au cómencemét de
l'Oeure Philosophique, pour la

Premiere Operation, on n'a principalement qu'a Dissoudre, c'est à
dire, qu'à spiritualiser & volatiliser
l'Or & l'Argent Vulgaires par l'*A-*
me Generale du Monde, qui en dis-
continuant toutes leurs plus petites parties, s'vnit à icelles auec Homogeneïté & inseparablement, à
cause que leur semence en est ve-
nuë ; de la mesme façon que l'Eau
chaude agissant sur la glace, la réd
Eau & s'vnit inseparablement à
icelle auec Homogeneïté, dautant
que la glace a eu sō Estre de l'Eau ;
aussi pour la Seconde Operation
de la susdicte Pierre des Philosophes , tout le but des Sages n'est
que de Coaguler & Congeler l'Or
& l'Argent Vulgaires ainsi dissoults : ou pour mieux dire, leur intention ne tend qu'à coaguler &
congeler fixement *l'Ame Generale*
du Monde dedans l'Or ou l'Argent,

puis que d'ailleurs ces Corps parfaicts Metalliques sont assés coa-
gulés & congelés de leur Nature ;
& que comme la Dissolution n'est
qu'à raison des Corps, la Congela-
tió aussi n'est & ne peut estre qu'à
l'esgard des Esprits, & Substances
spirituelles, telle qu'est la susdicte
Ame Generale du Monde : apres laquelle Congelation, il n'est necessaire, pour la perfection de la diuine Pierre des Philosophes, que de
multiplier & fermenter l'Oeuure
au Blanc auec *l'Ame Generale du
Monde*, & l'Argent Vulgaire ;
comme l'Oeuure au Rouge auec
la mesme *Ame Generale du Monde*
& l'Or Vulgaire.

XX La Nature & l'ordre que
Dieu a establi au Monde, l'Experience, la Raison & les Liures des
Philosophes Hermetiques bien &
sainement entendus, ne veullent

& ne peuuent permettre qu'on parle autrement de la Theorie & Practique de la Pierre des Philosophes. Et partant il faut tenir pour peu sçauants en la Nature, & encores moins versés en la Philosophie Hermetique, ceux qui en traictent autremét, qui prennent d'autres Matieres , qui suiuent d'autres procedés, & qui pensent que par autre Chemin, que celuy que i'ay enseigné en cet Abbregé Cabalistique, on puisse paruenir à la fin de ceste tant noble Science, & à la composition de la tres-precieuse Pierre des Philosophes. Toutesfois il ne faut tenir les anciens Philosophes ignoráts, qui en ont escrit autrement, ie veux dire obscurement, soubs parabolles & enigmes; ny meschants de ce qu'ils ont enseigné quantité de Matieres & d'Operations faus-

ses

ses inutilles & impertinentes, veu
qu'ils n'ont fait cela, que pour em-
pescher que les Meschans & indi-
gnes n'en arriuassent à la cognoissance, sçachants fort bien que ceste science estant apres celle de
Dieu, la Premiere de toutes les autres, & le plus grand bien que la
Diuine Bonté ayt communicqué
aux hommes, les gents de bien
qui la rechercheroient auec bonne intention, par la grace de Dieu,
ne la conceuroient que trop en
leurs Escrits; sur tout si en suiuant
leurs conseils, ils iettoient tousiours les yeux sur la Nature, pour
recognoistre comment elle se
gouuerne en ses Generations, de
quelle matierre elle se sert, quel
ordre & quel procedé elle y ob-
serue perpetuellement de la mesme façon.

Au reste tout ce que i'ay declaré

cy deſſus, appartiét au Grand Oeuure des Philoſophes, auquel fort
peu paruiénent, à faute de ſçiéce &
de la patiéce, qui eſt requiſe pour
en attendre la fin , comme ainſi
ſoit qu'il ne ſe puiſſe faire qu'en
fort long temps.

Mais il y a des Oeuures réels Particuliers & de tres-grand proffict
en la ſcience Tranſmutatoire, qui
ſont comme des branches & de-
pendances du Grand Oeuure Phi-
loſophique, pour la compoſition
deſquels, il ne faut tant de temps,
qu'il eſt requis, pour acheuer le
Magiſtere Hermetique; combien
qu'ils ne ſe puiſſent accomplir ſás
la cognoiſſance de l'Artifice, auec
lequel il faut attirer & determiner
l'Ame Generale du Monde dedans
l'Argent & l'Or Vulgaires , & du
moyen de depurer par & auec *la*
meſme Ame Generale du Monde l'hu-

mide radicale des Metaux, ie veux
dire le Mercure Vulgaire, de sa
double lepre qu'il a contracté aux
Minieres des Matrices Aqueuse
& Terrestre. Et à celle fin que ceux
qui iusques icy ont peu aduancé
en ceste estude de Philosophie, có-
méçassent à en receuoir quelques
commodités, pour les encourager
dauantage à aspirer à la Practique
de la diuine Pierre, i'ay pris resolu-
tion d'enseigner briefuemét deux
Secrets Particuliers tres veritables
& de peu de frais, & de grád proffict, à la faueur desquels ils pourront ioyeusement & auec patience, attendre le temps du long &
ennuyeux trauail du grád Oeuure
des Philosophes.

Le Premier Secret se faict &
cópose d'vne partie d'Or Vulgaire
Vif c'est à dire, qui n'a encores
esté fondu, ou qui est empreinct

de l'*Ame Generale du Monde*, & de
dix parties de Mercure Vulgaire
engroſſi de l'*Ame Vniuerſelle du Mõde*, auec laquelle, & par laquelle il
a eſté deliuré d'vn phlegme hete-
rogene à ſa nature, qui le rendoit
hydropique, & d'vne terre noire
excrementeuſe qui n'eſtoit de ſa
compoſition naturelle, & qui em-
peſchoit qu'il ne ſe meſlaſt inſepa-
rablement auec l'Or. Ces Matieres eſtát ainſi preparées, il faut les
amalgamer enſemble, ſelon l'Art,
les ſigiller Hermetiquement dans
vn vaiſſeau de verre, & leur dóner
trois mois entiers vn feu de Putrefaction, apres leſquels on les en-
tretiendra ſix autres mois au meſme degré de feu au commencement, l'augmentant apres par degrez ſelon l'Art, à celle fin que par
frequentes & reïterées ſublima-
tions & deſcenſions, les Matieres

se purifient , blanchissent & rou-
gissent, pour auoir le Souphre requis à cest Oeuure. Lors il faudra
prendre vne partie de ce Souphre,
deux parties d'Or Vif , & quatre
parties de Mercure preparé & animé comme dict est, & donner le
feu par degrez trois autres mois,
pour acheuer l'Operation , & a-
uoir la Medecine parfaicte. Laquelle on multipliera à l'infiny, en
prenant & decuisant vne partie
d'icelle Medecine, auec deux parties d'Or Vif , & quatre parties de
Mercure preparé & animé comme dit est. Quoy faict il ne restera
plus que de faire proiection de
ceste excellente Medecine sur le
Mercure Vulgaire ou sur quelque Metal imparfaict pour le conuertir en Or. Que si on vouloit
auoir vne Medecine, qui conuer-
tist en Argent les Metaux impar-

faicts, il faudroit au lieu d'Or Vif prendre de l'Argent Vif & garder les mesmes poids & procedé que dessus.

Le Second Secret, est pour monstrer l'affinité qu'il y a du Mercure preparé & animé comme dict est, auec l'Or Vif ou l'Argent Vif: car si on prend vn gros de ce Mercure preparé & animé, & si apres on le mesle auec vn autre gros d'Or Vif ou d'Argĕt Vif, il ne faut faire autre chose que les decuire Philosophiquemét, & r'adiousterà neuf diuerses fois neuf autres gros de Mercure preparé & animé, comme dict est, decuisant les Matieres à chaque fois, tant qu'elles soient fixes, & ainsi on verra qu'vne partie d'Or Vif aura conuerty en Or dix parties de Mercure preparé & animé, & qu'autant en aura faict vne partie d'Argĕt Vif sur dix parties de Mercure preparé & animé comme dessus de l'*Ame Generale du Monde.*

Τὸ γνωστὸν τοῦ θεοῦ φανερόν ἐστιν ἐν αὐτοῖς· τὰ γὰρ ἀόρατα αὐτοῦ ἀπὸ κτίσεως κόσμου τοῖς ποιήμασι νοούμενα καθορᾶται, ἥ τε ἀΐδιος αὐτοῦ δύναμις καὶ θειότης.

Πρὸς Ῥωμαίους.　α.

SONNET.
Du Mercure des Philosophes.

Entre tous mes Enfans Celle qui m'est Vnique
I'Engrosse bien qu'Esprit d'vn Cœleste Baiser :
Elle Chaste qui veult son Amour appaiser,
Par mes Embrassemens deuient Mere Pudique.

Mere, Enfant, Sexe nul, de Nature Angelique,
Esprit & Corps ensemble, Esprit prompt à voler,
Et Corps graue qui tend à tousiours deualler :
Deux Contraires en Vn, Guerriers, Pacifiques.

Ayant doncques senty le Miel, qui de mon Sein,
Decoulle dedans Elle : Elle n'a plus dessein
Pour son contentement d'autres Metz, d'autre Chouse,

Fors que de s'eschauffer par Art legerement,
Pour se rendre plus prompte à cest Embrassement,
Qui la faict Corps, Esprit, Mere, Enfant, Fille, Espouse.

P. P. P.

SONNET.
Du Sel des Philosophes.

Eau Seiche Humide Feu d'Androgyne Nature,
Pur Esprit & vray Corps, Amphibie parfaict,
Cher Enfant de mon Pere il est par moy deffaict :
Et moy du mien ie suis la plus chere Pasture.

Que dis ie Pere, Enfant ? d'aucune Creature
Ie ne suis ny l'Enfant, ny le Pere de faict :
Bien d'Vn Pere & d'Vn Fils proceday-ie en effect :
Dualiste faict Vn, Geniteur, Geniture.

La Nature sans Art ne me peut conceuoir :
Ny Luy sans Elle aussy ne me sçauroit auoir.
De ces Deux assemblez mon Estre se r'assemble.

Puissant Hermaphrodite aussy de vray ie suis,
Tout Sexe & Sexe Nul : Car dire ie me puis,
Tout Feu, toute Eau, tout Air & toute Terre ensemble.

P. P. P.